SEMELE PHENIX

PoPoesie

Mehr als vier Buchstaben

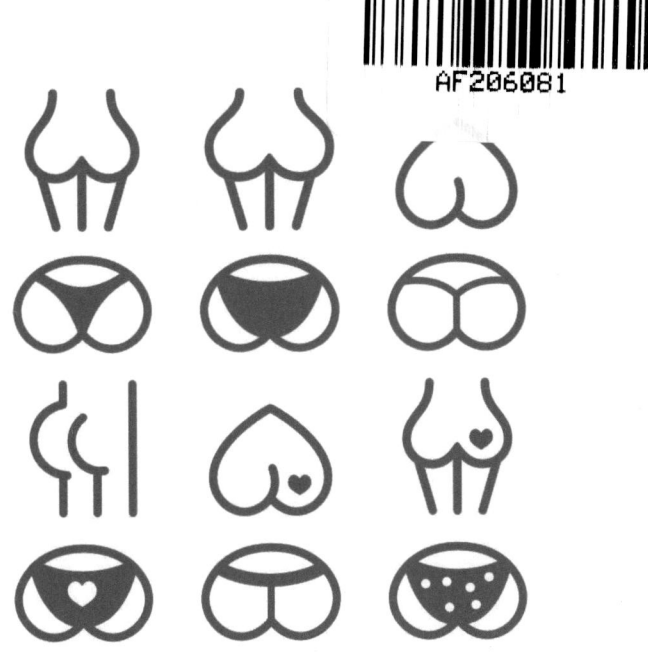

von A(nus) bis Z(äpfchen)

Anachronistischer Anus

Samtene Seide säumt spöttisch seufzend schlaffes Sitzfleisch.

Barocke Bodys berühren bemüht bezaubernd betagte Backen.

Raschelnde Rüschen reiben rege ringelnd runzlige Ritzen.

Teures Tuch touchiert träge treibend tattrige Tropfsteinhöhlen.

Pompöse Pampers pressen perfekt passend postpubertäre Popos.

Brötchen

Das Brötchen mit dem Schnitt
Das scheint zwar sehr gewöhnlich
Für mich ist's doch der Hit
So geht es mir persönlich

Welch Vielfalt kann man seh'n
Ob Dinkel oder Roggen
Auf Fitnessbrötchen steh'n
die auch sehr gerne joggen

Das Weizenmehl so bleich
von Sonne kaum beschienen
erkennt ein jeder gleich
vor allem bei Blondinen

Doch auch auf dunkles Korn
Da hat so mancher Hunger
und hinten wie auch vorn
Wünscht er 'ne schnelle Nummer.

Franzosenbrötchen chic
und Schwedenhappen teuer
gibt nicht nur ihm den Kick,
begehrt auch sie voll Feuer

Es riecht Sesam für den Sohn
und ebenfalls der Kümmel
genauso gut wie Mohn
Sie alle liebt der Lümmel

Rosinenbrötchen auch
die woll'n wir nicht vergessen
Korinthen, sagt der Brauch,
seh'n aus wie Sommersprossen

Ein Klosterkrönchen fein
ist nicht nur was für Nonnen,
nicht jede ist so rein
die Unschuld schnell zerronnen

Der eine liebt es streng
Auf Zwiebelbrötchen steht er
Der andre mag es eng,
nach Rosenbrötchen fleht er

Sei's füllig oder fest,
ob Semmel oder Lauge,
Wir machen gern den Test
für's Glied und auch für's Auge

Cellulite

In der Werbung
Frauen mit knackigem Po
Im Spiegel
hängende Arschbacken

In der Werbung
Mädchen mit samtweicher Gesäßhaut
Im Spiegel
zerklüftete Cellulite

In der Werbung
Models in den besten Jahren
Im Spiegel
Frauen in der Menopause

In der Werbung
Schaufensterpuppen

Diva

Die Diva demütigt den devoten Diener durch Darmdüfte.
Der demütige Diener dankt der Diva dafür.

Eingepackt

in Windeln
plusterdick
saugstark
pompös
feuchtwarm
geborgen

in Seide
durchsichtig
edel
teuer
erotisch
exklusiv

in Frottee
rubbelig
wollweiß
retro
erregend
rituell

in Leder
streng
schwarz
sündhaft
dominant
unbeugsam

Frottee in Rosa in Frottee

Riech!
Rosa Retrofrottee
rubbelt
Rosas Rosette.
Riech!

Gays

Gays
genießen geile
Glied-Gesäß-Gemeinschaft
Genau genommen
Geborgenheit!

Hinten

trotz

nein wegen

deiner nassen

Erlaubnis

verlier ich den Stand

trotz

nein wegen

deines engen

Tabus

halt ich den Speer

Innerer Ausdruck

Von innen nach außen
werden
unantastbare Exkremente,
tabuisierter Kot,
unaussprechliche Fäkalien,
unberührbarer Stuhlgang,
verpönte Notdurft,
und heilige Scheiße
gedrückt

Ja

Er hat Angst vor Venushügeln
Ja sagt er zu Zwillingsbergen

Er hat Angst vor breiten Wegen
Ja sagt er zum schmalen Pfad

Er hat Angst vor weiten Grotten
Ja sagt er zur engen Klamm

Er hat Angst vor Meerestiefen
Ja sagt er zum trocknen Loch

Er hat Angst vor Mutter-Vulven
Ja sagt er zum Vater-Po

Kolumbus

Christoph Kolumbus
als Käpt'n versiert
nutzt seinen Einfluss
damit er brilliert

Auf neuen Wegen
war Indien das Ziel
doch ohne Segen
verlief dieses Spiel

Vasco da Gama
entdeckte das Land
Santa Maria
ein anderes fand

Ich auf der Suche
nach weiblicher Lust
find nur Gefluche
und endlosen Frust

Venus hat Grotten
von Männern begehrt
Du darfst ruhig spotten
Mir sind sie verwehrt

Ich möchte umrunden
wie schon Magellan
um zu gesunden
das Weib ohne Plan

Setz mich in Marsch
und gebe nicht auf
finde den Arsch
da stehe ich drauf

Bin endlich da
hab Neuland entdeckt
Amerika
wird von mir geleckt

Lieferanteneingang

Ludwigs Lieferanteneingang lockt Leopolds Lümmel.
Leider langweilt Leos Liebesloch Ludwig.
Lüstern leckt Ludwig Lorenzos Luke.

Massage-Haiku

Anal-Massage
Wurzelchakrastimulanz
Endlich zuhause

Naschwerk

Sie befiehlt:
 „Beweg deinen Zuckerarsch und komm!"

Er ist sauer.
Nein, irritiert.
Er ist irritiert.
Nein, erstaunt.
Er ist erstaunt.
Nein, erfreut.

Er bewegt seinen Zuckerarsch und kommt.

Offen

Hast du den Arsch offen?

Hast du ein Problem mit deinem Schließmuskel?

Hast du die Arschbacken nicht zusammengekniffen?

Hast du nicht genug zugemacht?

Hast du nicht genug festgehalten?

Hast du nicht genug stramm gestanden?

Hast du dich hängen lassen?

Hast du dich entspannt?

Hast du losgelassen?

Hast du dich geöffnet?

Pups

Du Pups, du machst mich so sehr an,
wenn ich dich hör, will ich gleich ran,
an den Ort, wo's pufft und kracht,
an den Hort, aus dem's erwacht,
das, was riecht und laut ertönt,
bin ich's auch nicht recht gewöhnt,
liegt mir sehr und macht mich geil,
und mein Schwanz wird schon ganz steil.

Quodlibet

Jedem

das Seine

Anus oder Vulva

oft kontrastreich, manchmal polyphon

Quodlibet

Ritze

Die Ritze in der Mitte,
entzückt wie eine Schnitte
gekerbt in Feld und Flur
es will die Sehnsucht nur
den Pflug noch tiefer graben
sich am Rand der Höhle laben
die sich in der Furche zeigt
und die Lust, die wär` geneigt
als wollt' der Grund einen verschlingen
weiter in den Schlund zu dringen
Dort in tiefer Erd' geborgen
gibt es keine Kindersorgen
nur den Spaß an Ritz und Co
auf dem Acker und am Po

Sagging–Anleitung

Zieh die Boxershort über deine
Hüften zieh die Sporthose über deine
Boxershort zieh die Jeans über deine
Sporthose zieh den Po über deine
Jeans

Toys

Ob Plug, ob Dildo oder Kette,
sie machen selig die Rosette.

Im Material, da bist du frei,
doch ist es nicht ganz einerlei.

Das Silikon, das ist beliebt,
sodass man es sehr häufig kriegt.

Doch auch Metall und Glas ist in,
birgt für die Lust den Hauptgewinn.

Denn Aluminium, das ist kühl,
dem Anus bringt's ein Hochgefühl.

Und auch das Glas hat seinen Wert,
als antiallergen geehrt.

Mit Häschenpuschel oder Fuchsschwanz
Zeigt gern die Sklavin sich im Paartanz.

Ob passiv oder in Aktion,
erregt den Po die Vibration.

Die Form, die ist sehr variabel,
mit Batterie und auch mit Kabel.

Spielt jemand gerne mal ne Rolle,
dann übernimmt die App Kontrolle.

Für alles gibt es ein Programm,
für Prostata und auch den Damm.

Ob aufblasbar oder auch konisch,
die meisten Plugs sind ergonomisch.

Der Fuß am Ende ist geschickt,
denn er ist etwas angedickt.

Mit Saugnapf oder Halteschlaufe,
gibt's kein Malheur beim Sexgeraufe.

Diskret, hygienisch, flüsterleise,
wirkt jedes Toy auf eigne Weise.

Uferlos

$$
\begin{array}{l}
U \qquad\qquad\qquad\qquad\qquad\qquad\qquad U\\
F \qquad\qquad\qquad\qquad\qquad\qquad\qquad F\\
E \quad\quad aus \quad der \quad Hose \quad der \quad aus \quad E\\
R \quad\quad der \qquad\qquad\qquad\qquad\quad der \quad R\\
L \qquad\quad Hose \qquad\qquad Hose \qquad\quad L\\
O \qquad\qquad\qquad\quad P \qquad\qquad\qquad\quad O\\
S \qquad\qquad\quad P\ O\ P \qquad\qquad\quad S\\
H \qquad\qquad\qquad\quad P \qquad\qquad\qquad H\\
\ddot{A} \qquad\qquad\qquad\qquad\qquad\qquad\qquad \ddot{A}\\
N \qquad\qquad\qquad\quad r \qquad\qquad\qquad\quad N\\
G \qquad\qquad\qquad\quad e \qquad\qquad\qquad\quad G\\
T \qquad\qquad\qquad d \quad d \qquad\qquad\quad T
\end{array}
$$

Vier Buchstaben

Vier Buchstaben!

Nein fünf

sagt der Arsch

Nein sechs

sagt der Poppes

Nein sieben

sagt der Hintern

Nein acht

sagt der Schinken

Nein neun

sagt die Kehrseite

Nein zehn

sagt der Hosenboden

Nein elf

sagt der Mokkatempel

Nein zwölf

sagt die Schokopforte

Nein dreizehn

sagt der Allerwerteste

Warteschlange

In der Warteschlange

dauert es nicht lange

bis der Blick mal hierhin irrt

und mal dort gefangen wird

Mann mag's gern Po-backig

Apfel rund und knackig

oder auch die Nektarine

klein und süß wie 'ne Praline

Ist die Hüfte schmaler

wirkt auch für den Maler

einer Birne gleich die Form

unten fülliger als Norm

Groß und breit der Hintern

gut zum Überwintern

wie Kartoffeln üppig rund

reichlich füllig bis zum Bund

Prall sind die Tomaten

richtig gut geraten

für den scharfen Kennerblick

rundlich groß und häufig chic

Fällt es schwer zu wählen

muss man sich nicht quälen

Stehst du in der Warteschlange

dauert es gewöhnlich lange

Xanthippe

X – ANTHiPPES

A - NGEFÜLLTER

N - ACHTTOPF

T- RAF

H - AUFENWEISE

I – HREN

P - OLYGAMEN

P - HILOSOPHISCHEN

E – HEMANN

Yogasitz

Angestrengter Krampf im Yogasitz

Konturloses Versinken im Sofa

Steife Anspannung in der Hocke

Hektische Unruhe auf dem Bürostuhl

Ziellose Wechsel in der Seitenlage

Harte Druckstellen auf dem Holzstuhl

Genügsame Einfachheit auf dem Holzstuhl

Embryonale Geborgenheit in der Seitenlage

Flexible Drehung auf dem Bürostuhl

Sportliches Training in der Hocke

Kuschelige Entspannung auf dem Sofa

Meditative Achtsamkeit im Yogasitz

Zäpfchen

Übel ist es dir und schlecht
Schlucken, das geht auch nicht recht
Und noch Fieber kommt hinzu
Findest einfach keine Ruh

Ne Tablette macht jetzt Sinn
Doch oral ist heut nicht drin
Was kannst du denn da noch tun?
Suchst 'nen Weg, um auszuruhn

Plötzlich kommt der Geistesblitz
Denkst an deinen Po mit Ritz
Willst du keinen Schmerz mehr spür'n
Musst ein Zäpfchen dort einführ'n

Beine angewinkelt fest
An den Körper dicht gepresst
Liegst du auf der Seite gut
Hilfe naht für Darm und Blut

Streckst heraus ganz weit den Po
Warst zum Glück schon auf dem Klo
Denn so bleibt der Finger rein
Schließlich muss er dort hinein

Durch das Reiben in der Hand
Wird das Zäpfchen warm am Rand
Spitz am Ende oder stumpf
Rutscht es sanft nun in den Rumpf

Weil jetzt auch dein Fieber sinkt
Endlich die Erholung winkt
Lässt die Übelkeit nun nach
Und das andre Ungemach

Groß ist die Erleichterung
Fühlst dich schon ganz neu in Schwung
Dankbar denkst du äußerst froh
An das Loch in deinem Po

Anachronistischer Anus
Brötchen
Cellulite
Diva
Eingepackt
Frottee in Rosa in Frottee
Gays
Hinten
Innerer Ausdruck
Ja
Kolumbus
Lieferanteneingang
Massage-Haiku
Naschwerk
Offen
Pups
Quodlibet
Ritze
Sagging-Anleitung
Toys
Uferlos
Vier Buchstaben
Warteschlange
Xanthippe
Yogasitz
Zäpfchen

Herstellung und Verlag:
BoD – Books on Demand, Norderstedt
ISBN: 978-3-7494-8335-8